# UN MONUMENT INCONNU

ÉLEVÉ A

# JEANNE D'ARC

PAR LA VILLE D'ORLÉANS

## Par L. JARRY

Membre de la Société archéologique et historique de l'Orléanais
Correspondant du Ministère de l'Instruction publique

·ORLÉANS

H. HERLUISON, LIBRAIRE-ÉDITEUR
17, RUE JEANNE-D'ARC, 17

—

1893

# UN MONUMENT INCONNU

## ÉLEVÉ A

# JEANNE D'ARC

## PAR LA VILLE D'ORLÉANS

## Par L. JARRY

Membre de la Société archéologique et historique de l'Orléanais
Correspondant du Ministère de l'Instruction publique

ORLÉANS
H. HERLUISON, LIBRAIRE-ÉDITEUR
17, RUE JEANNE-D'ARC, 17

—

1893

Extrait des Mémoires de la Société archéologique et historique de l'Orléanais.

# UN MONUMENT INCONNU

## ÉLEVÉ A

# JEANNE D'ARC

## PAR LA VILLE D'ORLÉANS

---

## I

### LA FIGURE ET LA PHYSIONOMIE IDÉALE DE JEANNE

La glorieuse personnalité de Jeanne d'Arc n'a fait que grandir à travers les âges ; de nos jours, à la voix des évêques d'Orléans, elle franchit les limites de la France et de l'Europe. Ce sont, en effet, les catholiques du monde entier qui demandent au Saint-Siège de proclamer officiellement la béatification de la martyre, qui, depuis longtemps, nous en sommes convaincus, est une sainte au ciel.

Pour nous, Français, Jeanne est l'image de la patrie une et fière. Suivant le tempérament de chacun, c'est la Vierge guerrière qui symbolise la résistance à l'étranger et la réparation de nos désastres, ou bien l'Ange de paix qui doit dissiper à l'intérieur, comme autrefois, les divisions des partis. Aux yeux de tous, enfin, comme l'a si bien dit le regretté Siméon Luce, Jeanne est « l'incarnation de notre pays dans ce qu'il y a de meilleur ».

Au contraire, les traits du visage de la Pucelle d'Orléans ont été s'effaçant de plus en plus. Heureuse durant le triomphe ou attristée pendant le procès, ce n'était toujours qu'une jeune fille de dix-sept à dix-neuf ans ; et nous savons combien, à cet âge de transformation, les lignes de la physionomie sont particulièrement mobiles et indécises. Quelle chance y a-t-il qu'un peintre naïf ou un scribe ennuyé les ait pu fixer au passage, ou encore quelque imagier dans une production destinée aux églises ou à la curiosité populaire ?

Puis vient une longue et sombre période où le souvenir de Jeanne, obscurci à dessein par l'inique procédure anglaise, reste entaché d'un soupçon d'hérésie et de sorcellerie. Ici le doute ne se produit même pas ; on ne trouve aucune trace que personne ait tenté, dans ces conditions délicates, de reproduire son image ; si l'on peut appeler de la sorte l'une des vagues ébauches dont il vient d'être parlé. Vingt-cinq ans s'écoulent ainsi, années de guerre et de souffrance ; car une guerre, heureuse même, est toujours douloureuse pour le pays ; c'est encore plus que le *grande mortalis ævi spatium*, dont parle Tacite.

La mémoire s'est donc fort affaiblie quand sonne l'heure de la réhabilitation, lorsqu'il ne s'agit plus de dresser un haineux réquisitoire, mais de prononcer un juste arrêt, qui va transformer les lamentations du supplice en un joyeux hymne d'actions de grâce. Cependant, tous ces nouveaux témoins, ces capitaines, ces habitants d'Orléans, veulent donner leur note personnelle. Ils ont vu la Pucelle, ont vécu près d'elle quelque temps, ont vieilli avec cette pure image dans le cœur. Chacun réveille ses lointains souvenirs et s'efforce d'y retrouver un trait du charmant visage. L'ensemble, à vrai dire, n'offre qu'une ombre, à peine colorée et au relief incertain, et pourtant harmonieuse encore. Ne dirait-on pas, dans son cadre antique, un de ces gracieux pastels dont la fine poussière s'est presque totalement détachée ?

Nous savons, par les témoins du procès de réhabilitation, et par quelques chroniqueurs du temps, que Jeanne d'Arc était grande et forte, que son corps, vigoureusement constitué, résistait à la fatigue, qu'elle portait ses cheveux noirs taillés en rond et qu'elle avait un visage riant. Mais nous ne connaissons ces détails que depuis leur juxtaposition et leur groupement dans l'admirable ouvrage de Quicherat, publié par la Société de l'Histoire de France. Et, pourtant, depuis l'année 1849, qui aurait dû clore la ridicule série des travestissements de Jeanne en saint Georges ou saint Maurice, en Judith, en Bradamante, combien peu d'artistes se sont conformés aux sérieuses indications de l'histoire !

On pourrait les compter, de même que ceux qui ont reproduit le beau type de la Française, née sur cette frontière de l'Est, où le métier de la guerre est toujours considéré comme le plus beau. Elles semblent, en effet, destinées à faire souche de soldats français, ces femmes au corps bien dégagé, à la démarche alerte, au teint animé, à l'air vif et enjoué, heureux mélange de force et de gaîté, où la finesse champenoise se fond intimement avec la grâce lorraine.

Admettons, cependant, qu'un sculpteur ou un peintre ait empreint un sujet de cette vaillante race des caractères particuliers au visage de Jeanne d'Arc, il n'aura encore évité que les moindres écueils. Dans l'attitude de ce corps à la fois délicat et robuste, sur cette figure aimable et jeune, il faut, maintenant, exprimer simultanément et clairement des sentiments multiples et presque opposés entre eux, qui peuvent aisément se rencontrer, s'accorder et se confondre en une âme comme celle de Jeanne, mais dont la traduction parfaite semble un défi jeté à tous les arts.

La timidité de la vierge et la hardiesse du soldat, la modestie de la femme et l'assurance du chef de guerre, l'ardente foi de la chrétienne, la vision d'un monde qui n'a rien d'humain, la confiance dans la mission divine, le rayonnement des prédestinés et des martyrs : tels sont les éléments qui doivent s'assembler et se combiner, dans un harmonieux équilibre, pour refléter l'idéale figure de la libératrice de la France. Une note un peu affaiblie, un trait légèrement accentué, et l'équilibre est rompu. Vous n'êtes plus qu'en face d'une femme, ou d'une guerrière, ou d'une sainte.

De nombreux artistes modernes, plus ou moins célèbres, se sont efforcés de mener à bien cette tâche délicate, peut-être à cause des difficultés même qu'elle présente. Ce n'est pas sans intérêt qu'on étudie les monuments qu'ils ont consacrés à la mémoire de Jeanne d'Arc, les peintures d'Ingres, Benouville, Lenepveu, Patrois ; les sculptures de la princesse Marie d'Orléans, Rude, Foyatier, Vital-Dubray, Chapu, Dubois et Frémiet. Il n'entre pourtant pas dans mes projets de les comparer ou de les critiquer ici ; je me borne à résumer l'impression générale qui se dégage d'un examen attentif et impartial.

Sans doute, d'estimables efforts ont été tentés, surtout dans la sculpture, si je ne m'abuse. On peut louer, en certaines œuvres, l'effet général de l'attitude, un geste heureux, un détail de physionomie. Nulle part on ne rencontre, je ne dirai pas l'image rêvée qui doit réunir tous les suffrages, mais quelque chose d'assez complet et d'assez puissant pour s'imposer soit à la critique, soit au goût public, ou encore à l'entraînement populaire ; cet artiste et ce chef-d'œuvre sont encore à naître.

## II

### LE PORTRAIT DE JEANNE D'ARC ET LE MONUMENT DU PONT D'ORLÉANS

Deux érudits Lorrains, hommes de cœur et de goût, MM. E. de Bouteiller et G. de Braux, ont consacré à la Pucelle d'Orléans un ouvrage important: *La famille de Jeanne d'Arc* (1), et, l'année suivante, une curieuse brochure : *Notes iconographiques sur Jeanne d'Arc* (2). Dans ce dernier opuscule, ils estiment que la statue de Domrémy est un véritable portrait. Leur opinion s'appuie fortement sur d'ingénieux rapprochements entre cette statue, due à Étienne Hordal, celle de la cathédrale de Toul, érigée par son oncle Claude Hordal, tous deux descendants de Pierre du Lys, frère de Jeanne, et celle du monument jadis élevé sur l'ancien pont d'Orléans, et qui a disparu comme lui. MM. de Bouteiller et de Braux rappellent que, pour la date de ce monument, les historiens orléanais, sans exception, citent l'année 1458. Ils ajou-

(1) Paris, Claudin. Orléans, Herluison, 1878, in-8.

(2) Paris, Claudin. Orléans, Herluison, 1879, in-8. — Ils ne s'occupent que de l'époque ancienne. Notre vénéré confrère, M. l'abbé Desnoyers, dans l'*Iconographie de Jeanne d'Arc* (Orléans, Herluison, 1891, in-8), s'attache surtout aux temps modernes; nous sommes heureux de partager sa pensée sur la façon dont il convient de représenter Jeanne d'Arc.

tent (1) : « A cette époque, en effet, un grand nombre des habitants de la cité avaient connu personnellement leur héroïque libératrice ; ses traits ne s'étaient point effacés de leur mémoire. Il y a plus ! Ysabeau, sa mère, qui mourut cette année même, ses frères, Pierre et Jean, étaient là, pour contrôler la réalité. Aussi peut-on dire, sans présomption, que la Pucelle était exposée, en ce lieu, sous ses véritables traits, à la vénération du peuple orléanais. »

Je me garderais bien d'affaiblir ce généreux enthousiasme. On pourrait, peut-être, poser quelques graves objections, sans même renvoyer à ce qui est dit plus haut. La fidélité de la mémoire, chez les Orléanais, y compris même les parents de Jeanne, ne devait plus être bien entière en 1458, puisqu'ils avaient accueilli avec transport, en 1436 et 1439, croyant la bien reconnaître, la fausse Pucelle, la dame des Armoises. D'autre part, leur témoignage, même celui d'une mère, serait absolument infirmé, s'il était prouvé que la date de 1458 est erronée. Nous savons trop, et nous en donnerons un prochain exemple, qu'en cette matière, nos vieux historiens sont sujets à caution. La belle gravure de Léonard Gaultier, publiée en 1613 (2), affirme bien qu'elle est le « pourtrait et représentation au vray du simulacre qui est élevé sur le pont d'Orléans ». Qu'importe ? Si les costumes, l'ensemble de la composition et l'architecture du soubassement portent essentiellement, ainsi que le montre la gravure elle-même, un caractère bien postérieur à 1458 et voisin du XVIe siècle.

(1) P. 47.

(2) Elle est reproduite dans les deux éditions du *Recueil de plusieurs inscriptions*, etc., de Du Lys. Paris, Edme Martin, 1613, in-8, 60 p., et Paris, Edme Martin, 1628, 98 ou 124 p. (il y a deux tirages); et 52 p. pour le *Traité sommaire*, etc.

N'insistons pas, car notre patriotique amour de Jeanne d'Arc s'accommoderait parfaitement des conclusions de MM. de Bouteiller et de Braux. De même, à propos de la réfection partielle de cette statue de la Pucelle, après les mutilations des Huguenots, nous nous associons volontiers à leur parole (1). « Mais la figure de Jeanne avait été brisée ; il fallut la refaire à neuf. Elle le fut sans doute, autant que possible, dans des conditions d'exacte conformité à celle qu'elle devait remplacer. Le nom de l'artiste chargé de la restauration, Pierre Lescot, garantit la conscience avec laquelle le travail fut exécuté. » Rectifions pourtant le véritable nom ; ce n'est pas le fameux Pierre Lescot, mais Hector Lescot, dit Jacquinot, membre d'une nombreuse et notable famille de fondeurs orléanais.

Il serait cependant intéressant de connaître le nom de l'artiste qui coula dans le bronze le monument original de la Pucelle sur le pont d'Orléans; on trouverait là un sérieux complément d'information sur la ressemblance des traits de l'héroïne, en même temps que la date vraie d'une curieuse œuvre d'art. Car nous n'avons, somme toute, que des répétitions plus ou moins remaniées, des traductions par le burin, dans la planche de L. Gaultier et sur nos jetons d'échevinage, d'un type primitif. On a mis en avant, au hasard, je crois, en tout cas sans preuves, le nom d'un fondeur et canonnier orléanais, Guillaume Duisy, qui s'était rendu célèbre au siège d'Orléans, du vivant même de Jeanne d'Arc.

D'ailleurs, si l'opinion des auteurs orléanais attribue gracieusement le monument du pont à la générosité des dames de la ville, Du Lys n'hésite pas à déclarer que ce

(1) P. 18.

fut Charles VII qui fit mettre « ces images et statues sur le pont d'Orléans », environ l'an 1458, dit-il dans sa première édition, et l'an 1458, affirme-t-il dans la seconde. Alors l'auteur serait l'un des plus habiles ouvriers en son art, le maître fondeur du roi.

L'éclaircissement de cette double question : la date et le nom de l'artiste, je l'ai demandé, avec acharnement, aux comptes royaux, à ceux de la ville d'Orléans, à nos archives notariales ; jusqu'ici l'insuccès a été complet. Toutefois, il est des compensations légitimes réservées aux fouilleurs d'archives, comme aux ingénieurs en quête d'une mine, aux archéologues à la recherche d'un monument enseveli, aux historiens poursuivant une civilisation disparue. On trouve rarement ce qu'on cherche le mieux ; mais on fait souvent les rencontres les plus imprévues.

Au moment où le monument du pont d'Orléans se dérobait rigoureusement, une mention inédite venait me révéler une œuvre inconnue érigée à Jeanne d'Arc devant l'ancien hôtel-de-ville d'Orléans.

## III

### LE MONUMENT INCONNU DE LA PUCELLE A L'ANCIEN HÔTEL-DE-VILLE D'ORLÉANS

Pendant une longue période, la ville d'Orléans fut administrée par dix prud'hommes, puis par douze procu-

reurs, plus tard échevins, élus pour deux ans. Ils étaient
appelés à cet honneur par sept *élisants*, nommés eux-
mêmes par le suffrage populaire, non pas universel, en
assemblée générale, aux Halles. Le premier soin de ces
procureurs était de choisir un de leurs collègues, comme
président ou gérant responsable, avec le titre de receveur
des deniers communs. Responsable, il l'était effectivement
par l'obligation, lorsque la recette se trouvait insuffisante,
de faire les avances nécessaires sur sa fortune personnelle, sauf à en attendre longtemps le remboursement
en espèces ou en rentes. C'était, par moment, une lourde
charge.

Pour le receveur, comme pour les procureurs, l'exercice commençait le 23 mars pour finir le 22 mars de la
seconde année. A ce terme de sa gestion, le receveur ren-
dait deux comptes, celui de forteresse et celui de commune. Les premiers, dont nous avons seulement à parler,
étaient rédigés par deux notaires en triple expédition :
l'une pour les archives de la ville, l'autre pour les com-
mis de l'église (qui contribuait aux dépenses de fortifi-
cation), déposée aux archives du chapitre de Sainte Croix ;
la troisième restait au receveur et les notaires conservaient
la minute (1).

La collection des comptes de forteresse du chapitre de
Sainte-Croix n'existe plus aux archives départementales, où
tout le fonds a été versé sous la Révolution. Celle des
archives de la ville, à la même époque, diminua singu-
lièrement par l'abus qu'on en fit pour les gargousses de
l'artillerie. Quant à l'expédition délivrée au receveur pour

(1) Pour les frais exigés par la reddition des comptes, le receveur
touchait 32 livres parisis, vite dépensées en « écriture, papier, par-
chemin, reliage et couverture ». Les notaires avaient une pension
annuelle de 40 sous parisis.

sa justification, c'était sa propriété personnelle ; elle a suivi la fortune des familles dont un assez grand nombre se sont éteintes.

Il en résulte que, par exemple, pour l'exercice du receveur Hervé Guilloreau, correspondant aux années 1542 et 1543, on ne trouve plus aux archives municipales que le compte de commune. Nous avons rencontré, chez un notaire d'Orléans (1), la minute du compte de forteresse, rédigée par un de ses prédécesseurs (2). On y lit, au mandement, ou au compte partiel, intitulé : *Voyages et menues parties*, l'article suivant :

« A Françoys Marchant, ymagier, demourant à Orléans, la somme de 20 solz tournois, pour avoir masticqué le visage de la Pucelle, estant sur ung pillyer du cail estant au devant de l'ostel de la maison de la communité de ceste ville d'Orléans, qui estoit rompu. — Par quittance pour ce, xx solz. »

Écrite en un style naïf, cette courte mention est le seul souvenir qui reste d'un monument, éphémère sans doute et, jusqu'à notre découverte, totalement inconnu. Non seulement il n'a pas été reproduit, on en ignore même la nature, la matière et la disposition. Si faible qu'en soit la trace, c'est pour nous un devoir de la raviver, car rien de ce qui se rattache à la grande héroïne ne saurait nous laisser indifférent.

La lecture de cet article de compte fait naître une foule de questions. Plusieurs sont insolubles, et doivent être mises de côté. D'autres méritent qu'on s'y arrête, car leur étude sommaire permettra d'accréditer la vraisemblance de certaines suppositions.

(1) M. Garapin, qui a bien voulu nous faciliter cette recherche.
(2) Nicolas Provenchère ou Viâtre Blanchart. On a vu que la ville pensionnait deux notaires.

Et d'abord, quel fut l'emplacement choisi?

Aussi loin qu'on puisse remonter dans l'histoire de notre ville, on voit l'administration municipale changer quatre fois de résidence. Elle passe du Châtelet dans une chambre louée par le prieur de Saint-Samson, s'installe à l'époqne du siège des Anglais dans l'hôtel des Créneaux et prend enfin possession de l'hôtel Groslot, qui paraît devoir rester sa demeure définitive. D'autre part, les tribunaux chassés du Châtelet à la Révolution, et transférés à l'hôtel des Créneaux, le quittaient à leur tour, en 1823, pour le palais qu'on venait d'édifier dans la rue de la Bretonnerie, laissant la place à ces Musées dont notre ville a quelque lieu d'être fière.

Dès l'origine donc, du moins au cours du XIV° siècle, la « chambre des bourgeois » était située au Châtelet, dans une tour de la Conciergerie ou prison (1). C'était, il faut en convenir, un voisinage assez dangereux, à cause de la facilité qu'il offrait de faire passer les procureurs de la ville d'un local dans l'autre. Le fait se présenta plusieurs fois, au moyen âge, en cas de refus ou seulement de résistance, dans l'intérêt de la ville, aux exigences des officiers royaux ou ducaux. Aussi les procureurs s'empressèrent-ils de décliner la redoutable hospitalité de la Conciergerie du Châtelet.

Notre premier compte de ville, celui de 1391, montre qu'ils demandèrent un asile plus calme au prieur de Saint-Samson (2), qui leur donne à bail une « chambre pour converser ». Orléans avait fait retour au domaine royal

_______

(1) *Mémoires de la Société archéologique de l'Orléanais*, t. XII, *Le Châtelet d'Orléans au XV° siècle et la librairie de Charles d'Orléans en 1455*, par L. JARRY.

(2) Ce prieuré fut transformé, au XVII° siècle, en un collège dirigé par les Jésuites ; c'est aujourd'hui le lycée.

en 1375 ; mais Charles VI allait de nouveau l'en détacher, le 4 juin 1392, pour y constituer un apanage au titre de duché-pairie en faveur de son jeune frère Louis, la future victime de Jean-sans-Peur (1). La lutte des maisons de Bourgogne et d'Orléans ramène l'invasion anglaise, et c'est à la veille du siège que la ville devient locataire de l'hôtel des Créneaux, dans la rue Sainte-Catherine. On lit, en effet, dans le compte de commune de 1427-1428 : « Les Créneaux où à présent est l'Ostel de la ville. » La propriété en est complètement acquise en 1443 ; et, à une organisation provisoire et précaire, nous allons voir succéder une installation définitive pour cet hôtel de la *Communité*.

Naturellement, on voulut ériger d'abord une tour de ville ou beffroi, le symbole alors adopté de l'autorité municipale. Le marché pour la construction fut passé en 1448 avec Colin Galier, un habile architecte qui avait relevé déjà le fort des Tourelles, ruiné par les assauts successifs, et dirigé, pour le compte de la ville, beaucoup d'autres travaux importants. Le mur de la première enceinte, flanqué d'une tourelle, traversait la propriété nouvellement acquise. On tira parti de cette disposition pour construire de biais, sur l'emplacement d'un pan démoli de cette muraille, l'édifice quadrangulaire que nous voyons encore aujourd'hui ; il se trouva cantonné sur l'une de ses faces par la tourelle conservée et surélevée.

Une grande activité fut déployée en cette circonstance puisque, dans la même année 1448, où fut signé ce marché, Jean Le Page et Antoine de Bruxelles sculptent déjà différentes armoiries et des personnages dans l'escalier de

_______________

(1) *La vie politique de Louis de France, duc d'Orléans*, par E. JARRY, 1889, in-8, p. 89.

la tour (1). Elle semble avoir été terminée peu après. car on la couvre en 1449 (2). La construction fut totalement achevée en 1453 (3).

D'ailleurs, l'architecture de l'édifice est sobre et les retraits, habilement espacés dans toute la hauteur, donnent à l'ensemble de la grâce et quelque légèreté. La décoration ne commence guère qu'au dernier étage, avec l'encadrement des fenêtres à arc brisé, au nombre de deux sur les façades nord, est, sud, et de trois sur celle de l'ouest, séparées par des colonnettes prismatiques à pinacles, et avec les contreforts des angles et la corniche ornée de gargouilles. La tourelle, sur son dernier étage octogone, reproduit le dessin et la disposition des fenêtres de la tour.

Celle-ci reçut une terrasse en plomb sur laquelle Gilet Bataille édifia un clocher en bois recouvert aussi de plomb, éclairé sur chaque face par deux fenêtres, et destiné à recevoir l'horloge (4). Elle fut faite par Jean Menin, de Chartres, et Louis Carrel, de Moulins, et se trouve maintenant dans l'église Saint-Laurent (5). Polluche et Beauvais de Préau (6) attribuent à tort au même Louis Carrel la façon de la cloche. Voici l'histoire authentique de nos cloches.

Le 3 mars 1454, l'Orléanais Robin Boyvin passait marché

(1) Archiv. munic., Forteresse, 1447-1448.

(2) Est-ce d'elle qu'il s'agit dans un extrait du chanoine Dubois pour 1448 : « La tour neufve faicte du cousté de M<sup>me</sup> de Courraze » ? M<sup>ss</sup>. de la Bibl. d'Orléans, t. III, p. 96.

(3) M. Imbault prend à tort cette date pour celle du commencement des travaux.

(4) Compte de forteresse, 1453-1454.

(5) *Inscriptions de l'ancien diocèse d'Orléans*, par Edm. MICHEL, 1885, in-4, p. 133.

(6) *Essais historiques sur Orléans*.

avec la ville pour la fonte de la grosse cloche et des quatre petites, destinées à sonner les demies et les quarts, et qu'on nommait les quatre cloches « des appeaux de l'orloige ». Un notaire, Jean de Recouin, écrivit les « dictiez » de ces quatre cloches. Ceux qui font l'ascension de l'escalier du beffroi en peuvent encore voir deux, toujours à la même place depuis 1454. Les noms des deux saints évêques, protecteurs de la cité, Euverte et Aignan, qui leur furent donnés jadis, leur portent bonheur. Elles mesurent 50 centimètres de hauteur, 64 et 68 centimètres de diamètre et portent six anses qui figurent une griffe et une tête de lion.

La fonte de la grosse cloche suscita plus de péripéties. On l'avait mise en place, non sans peine, et d'habiles tailleurs de pierres et sculpteurs, Colin Galier, Pierre et Jean Chauvin, Robin Francart, réparaient déjà les dégâts causés par cette opération, lorsque l'on s'aperçut, un peu tard, que la cloche n'était pas acceptable. Sur l'avis d'Étienne Bouchart, saintier de Tours, il fallut la remettre au creuset. Un nouveau marché fut signé, la veille de Pâques 1458, avec Nicolas Chastellain, fondeur parisien. Mais le règlement n'eut pas lieu sans contestation. Le 18 juin suivant, le concessionnaire et son associé, Guillaume Bouchart, d'Orléans, s'engagent à refondre leur cloche, dans un délai de deux ans, si elle se rompt ou ne rend pas un son convenable, à cause de prétendues malfaçons « aux anses et au cervel (1) ».

Cette grosse cloche portait le joli nom de Cœur-de-Lys, que lui avait donné son parrain, le connétable de Richemont. Il fut transmis à sa remplaçante de 1674, celle que nous entendons encore aujourd'hui, et dont la légende

(1) Minutes de M. Gillet, notaire à Orléans.

confirme le détail qui vient d'être rapporté (1). Sur ses flancs ont été modelés en relief, par Martin Bidou, une fleur de lys au naturel, issant d'un cœur de lys, avec cette gracieuse légende : *Hoc vernant lilia corde*, et trois médaillons contenant : une croix entourée d'une couronne, un profil de la Vierge et l'écu de la ville d'Orléans. Ce dernier a été mutilé au ciseau.

Le Beffroi servait de piédestal à une statue de saint Michel, descendue et reposée plusieurs fois à cause du mauvais état de la charpente. Elle fut définitivement enlevée dans le courant du siècle dernier et remplacée, sans profit pour l'art, par les bras démesurés d'un télégraphe aérien.

En ce qui concerne la belle façade occidentale de l'hôtel des Créneaux, les anciens historiens orléanais sont unanimes à fixer l'année 1498 comme l'époque de sa construction, sans préciser, ce qui serait important, s'ils en font la date du commencement ou de la fin des travaux. Cette négligence laisse le champ libre à toutes les conjectures. Ici, nous trouvons en présence, avec exagération de part et d'autre, les deux systèmes divergents sur l'épanouissement de la renaissance dans notre contrée.

M. de Buzonnière, un esprit délicat, dont la froideur apparente cachait une vive imagination, s'est enthousiasmé, des premiers, pour la théorie réactionnaire à toute influence italienne. Il faut convenir pourtant que ses préférences nationales l'entraînent parfois bien loin. Illusionné sur la portée de quelques-uns des extraits d'archives que nous venons de citer, il s'est persuadé que l'ensemble des travaux de l'hôtel des Créneaux ne formait qu'un seul

---

(1) Edmond Michel lit à tort 1438 au lieu de 1458, date confirmée par les registres de M. Gillet. *Inscriptions de l'ancien diocèse d'Orléans*, p. 132.

bloc (1). Viart en aurait conçu d'un seul jet et arrêté le plan total dès 1444, et 1498 aurait été le terme du complet achèvement. M. de Buzonnière s'étonne autant de trouver Viart en avance considérable, que Galier très en retard, sur le style et l'art des contemporains.

Presque tout est à reprendre, croyons-nous, dans cette conception, et il est aisé de mesurer la juste part des appréciations de M. de Buzonnière. Plus complètement informé, il n'aurait pas jugé Colin Galier aussi rétrograde, ni Pierre Viart aussi novateur qu'il les suppose.

Élève de l'École des beaux-arts, M. Imbault professe une opinion diamétralement opposée en ce qui concerne la construction de la façade du Musée. Plus jeune que M. de Buzonnière, son esprit restait encore imbu des tendances absolues de l'enseignement officiel au temps où il fréquentait l'École. On y préconisait alors ouvertement non pas seulement l'influence, mais la domination italienne, sur toutes les branches de l'art français, à la chute du style gothique. Il nous semble qu'on est bien revenu de cette sympathie excessive.

M. Imbault estime, avec raison, puisque les comptes de forteresse, de 1443 à 1498, fournissent seulement des dépenses d'entretien pour la maison de ville, qu'il n'y eut dans cet intervalle aucune construction nouvelle de quelque importance (2). Mais il tient, à tort croyons-nous, la date de 1498 comme non avenue, et s'appuie uniquement sur des considérations artistiques tirées du style et des détails de l'architecture et de la sculpture. Il ne veut voir, dans

(1) *Histoire architecturale de la ville d'Orléans*, 1849, 2 vol. in-8. Paris, V. Didron. Orléans, tous les libraires.

(2) *Façade occidentale de l'ancien Hôtel-de-Ville d'Orléans*, t. XV des *Mémoires de la Société archéologique et historique de l'Orléanais*, 1876, in-8.

cette façade occidentale de l'hôtel des Créneaux, qu'une œuvre imitée de la renaissance italienne « dans toute sa puissance et son étude avancée ».

Il nous semble que M. Imbault se laisse entraîner, à son tour, par le désir de donner à tout l'édifice la date de construction de la balustrade supérieure. Il est vrai qu'il venait de la reconstituer avec talent sur des fragments de pilastres retrouvés dans une maison voisine et portant la lettre H; c'était, pense-t-il, l'initiale du nom de Henri, duc d'Orléans, plus tard Henri II, né en 1518 (1). Sans nous attacher à cette date, nous croyons, au contraire, que la balustrade doit marquer le parachèvement des travaux. Et même certains motifs, qu'il serait trop long d'exposer ici, pourraient la faire regarder comme plus récente.

En tout cas, la vérité doit se rencontrer, pensons-nous, dans un terme moyen entre les opinions inconciliables de MM. de Buzonnière et Imbault.

L'année 1498 est celle où Louis II, duc d'Orléans, monta sur le trône sous le nom de Louis XII. Il est raisonnable de croire que le prince aura voulu doter la capitale de son apanage, à titre de souvenir ou comme don de joyeux avènement, d'un hôtel-de-ville que nous admirons encore et de grandes écoles que nous regrettons toujours. Cette date de 1498, fournie par nos historiens, serait donc non le terme de la construction, mais un simple point de départ, et rien n'y contredit.

En effet, autour de cette année, c'est-à-dire en 1494, 1504 et 1509, la ville fait diverses acquisitions de maisons pour être jointes, disent les actes, à l'hôtel-de-ville (2). Et d'ailleurs, la fin des travaux de la façade est précisée

---

(1) Il fut duc d'Orléans jusqu'en 1536, année où il devint dauphin par la mort de son frère aîné François.

(2) Archiv. munic. d'Orléans, inventaire de Lemaître, cote 30.

par un acte positif que nous rencontrons dans le compte de forteresse des années 1513-1515. En voici la mention (1) : « Une bauche de pavé faite devant le corps neuf de la maison de ladite ville. »

Le monument appartient donc, non à l'époque de Charles VII ou encore de François Ier, comme le voudraient MM. de Buzonnière ou Imbault, mais à celle de Louis XII. Au surplus, les détails d'architecture et de sculpture correspondent bien au style de ce temps. C'est, à notre avis, un travail du commencement de la renaissance française, et qui se rattache encore à l'art gothique par les dais qui couvrent les cinq niches du premier étage. La corniche tout entière a été copiée pour l'hôtel-de-ville de Beaugency, car celui-ci est certainement plus récent, puisqu'on y sculpte la salamandre.

Le Musée d'Orléans est donc une œuvre des plus intéressantes de l'École des bords de la Loire, de l'École orléanaise, de même que quelques-uns de nos anciens hôtels, quelques-uns des merveilleux meubles de notre Musée historique, de même que les chapelles de Sainte-Barbe et de Saint-Jacques de Cléry, construites, elles aussi, à la limite des règnes de Louis XII et de François Ier. J'ai démontré, jadis, à propos de Chambord, que c'est François de Pontbriant, fondateur avec son frère, le doyen Gilles, de cette chapelle Saint-Jacques de Cléry, qui fut chargé, non pas comme on l'a dit en 1523 ou 1526, mais bien en 1519, de diriger les travaux de la royale demeure. Il y conduisit les Sourdeau et les Gobereau, des artistes de pur sang français, qu'il connaissait bien pour les avoir employés à Loches et à Cléry (2).

(1) J. de Contes, receveur, fo 24 vo.
(2) *Documents inédits servant à rectifier la date de la construc-*

Sans doute, nos rois, à la fin du XV° siècle et au commencement du XVI°, visitèrent l'Italie et en ramenèrent des chefs-d'œuvre, des curiosités et aussi quelques ouvriers spéciaux ; mais nos artistes provinciaux gardaient soigneusement leur style et leur indépendance. L'heure de l'asservissement à la renaissance italienne n'avait pas encore sonné pour nous.

Nous laissons provisoirement à l'architecte Pierre Viart l'honneur, qui lui est généralement attribué, d'avoir dirigé la construction de l'ancien hôtel-de-ville d'Orléans, comme de celui de Beaugency. Il y aurait probablement bien à reprendre là-dessus, mais les documents font défaut. Disons seulement que son nom ne se rencontre pas dans les comptes de ville du XV° siècle, ni dans ceux du commencement du XVI°. Il figure trois fois, au contraire, dans la minute du compte d'Hervé Guilloreau, sous cette désignation : « Pierre Vyart, maistre maçon et tailleur de pierre. » Il dirige, en qualité de maître des œuvres de la ville, les travaux de la tour Gouvernante.

Nous aimons à croire que l'Administration municipale d'Orléans, représentée par ses échevins, après avoir bâti somptueusement, à l'aurore du XVI° siècle, le palais de la cité, sur la grande rue qui conduisait du pont au Martroi, aura voulu la mettre sous la protection de l'héroïne qui avait fait lever le siège de 1429. Les cinq niches du premier étage étaient réservées, dit-on, à des statues royales. Le doute n'est, d'ailleurs, pas possible ; le monument de la Pucelle était « sur ung pillyer du cail estant au devant de l'ostel de la Communité ». Le quai, c'est le trottoir ; ces deux mots se succèdent précisément

<hr>

tion et le nom des premiers architectes de Chambord, par L. JARRY, t. XXII des Mémoires de la Société archéologique et historique de l'Orléanais.

au XVIᵉ siècle. La place semble donc nettement déterminée à gauche de la porte, c'est-à-dire au milieu de la façade, sur la rue Sainte-Catherine.

La cause de l'accident, qui nous a conservé l'unique souvenir de ce monument, on la trouverait peut-être dans les travaux faits autour de ce pilier, vers la même époque. Ainsi, en novembre 1542, l'on modifie le pavage du quai de l'hôtel-de-ville, « pour éviter que les eaues ne traversent la muraille et ne gastent les voultes des greniers où l'on souloit mectre le sel (1) ». La même année encore, Pierre Viart construisait un autre quai « à monter en la grant salle du corps neuf de l'hostel de la Communité de ladicte ville, ayant vue sur la rue Sainte-Katherine ». Voilà deux occasions suffisantes de dégradation.

A voir le modique salaire, vingt sous, attribué à l'artiste chargé de remastiquer le visage de la Pucelle, on pourrait le prendre pour un pauvre et vulgaire imagier. Nous devons, au contraire, juger du mérite de l'auteur de l'œuvre originale, par le soin qu'on prend d'en confier la réparation à un homme expert. François Marchant, d'Orléans, fut un des grands sculpteurs du XVIᵉ siècle, un des maîtres de la Renaissance, et l'on a plusieurs fois confondu son talent avec celui de Germain Pilon. M. F. de Mély a déjà prononcé son éloge à la réunion des délégués des Sociétés savantes, aux Beaux-Arts (2), et ses marchés ont été publiés, par M. L. Merlet, dans les anciennes *Archives de l'art français* (3). A l'époque dont nous venons

_______

(1) Cette appropriation, en magasins à sel, de l'hôtel-de-ville, comme de la chapelle Saint-Jacques, explique seule le ton chaud de certaines de leurs pierres, qui n'est pas habituel sous notre climat.

(2) *Réunion des Sociétés des beaux-arts des départements*, 11e session, 1887.

(3) T. IV, p. 382, etc.

de parler, en 1542, il était dans la pleine éclosion de son talent, et l'on s'en disputait les créations. En cette année même, il modelait, pour le tour du chœur de Notre-Dame de Chartres, des scènes du Nouveau-Testament, servant de fond à des statues d'un fort beau mouvement. Il est chargé, en 1543, avec un autre sculpteur orléanais, Jean Bénardeau, d'exécuter les statues et les bas-reliefs du magnifique jubé de Saint-Père-en-Vallée, dont le saint Paul se retrouve au Musée de Chartres, et la Crucifixion à l'École des Beaux-Arts. Enfin, il sculpte, en 1550, une des effigies du tombeau de François I<sup>er</sup>, à Saint-Denis, où M. de Mély lui attribue celle de la reine Claude de France, au caractère si réaliste.

Comment périt, enfin, le petit monument de la Pucelle ? Le mastic de 1542 était encore moins en état que la pierre de résister à l'attaque des calvinistes, en 1562 et en 1568. A Orléans, les statues de pierre ou de marbre sont brisées, celles de bronze fondues. Le monument du pont, mutilé seulement à coups d'arquebuse, fut réparé en 1570, comme plus important et plus précieux à la vénération des Orléanais, mais on ne pouvait tout restaurer, il y avait tant de désastres ! Les débris du pilier du quai de l'Hôtel-de-Ville et de ce qu'il supportait furent sans doute abandonnés.

Si le XVI<sup>e</sup> siècle, avant le nôtre, avait eu l'heureuse idée de fonder, en cet hôtel, un Musée de Jeanne d'Arc, les honorables débris y eussent trouvé un pacifique refuge ; ils en auraient été et en seraient encore l'un des plus curieux ornements.

Je suis heureux de relever cette mention égarée d'une image inconnue de Jeanne d'Arc dans sa bonne ville d'Orléans. Non pas, certes, qu'on en manque là, ni que celle-ci semble avoir quelque chose d'important, puisqu'elle tenait sur un pilier. Était-ce une statuette, un buste ? Y avait-il quelque rapport entre cette œuvre et celle du pont ? Qu'importe !

Ce qui me plait, dans cet hommage pieux et spontané, c'est l'idée qu'on l'a érigée au XVI<sup>e</sup> siècle, époque accusée à tort d'ingratitude envers la Pucelle, pas à Orléans, du moins, où l'on y célébra toujours la fête du Miracle du siége. Ce qui m'y attache, c'est la pensée dont sont animés les procureurs de la ville pour mettre Jeanne, le *liberator novus*, en sentinelle vigilante à la porte de leur hôtel neuf de la *Communité*. Ce qui m'émeut profondément, c'est que, sans connaître cet antécédent, ce fait, caché dans la poussière des vieux registres, à trois cent cinquante ans de distance, d'autres échevins inaugurent un autre hôtel-de-ville, leur vieille maison Groslot rajeunie, transformée. Que placent-ils au seuil, entre les rampes que dominent les cariatides attribuées à Jean Goujon? Une touchante statuette de Jeanne d'Arc, celle de la princesse Marie d'Orléans. Les sentiments généreux ont donc aussi leur atavisme! Tant est ferme, chez nous, la fidélité du souvenir, vivace la reconnaissance, ardente la piété pour Jeanne. Les hommes passent, les temps changent, Jeanne d'Arc reste et restera toujours.